Plante

Nou se pye bwa ke Bondye plante nan jaden Li, ki se Latè
"Ki kalite fwi ki ap donnen nan lavi nou"

PA:PIERRETTE DERA

Rackhouse Publishing

Read to Learn, Write to Remember.

Copyright © 2021 Pierrette Dera

Tout dwa rezève. Pa gen okenn pati nan maniskri sa a ki ka repwodwi, ki estoke nan yon sistèm Rekipere oswa transmèt nan nenpòt ki fòm, oswa pa nenpòt mwayen, elektwonik, mekanik, fotokopi, anrejistreman oswa otreman, san pèmisyon alavans otè a.

ISBN-13: 978-1-7371987-2-7

Premye edisyon
Enprime nan peyi Etazini

DEDIKASYON

Mwen dedye liv sa a bay Mari mwen Judes ak Pitit mwen yo: Gabriel, Anabelle, Isabelle ak Emmanuel. Dezi kè mwen se pou nou plante nan Kris. Tankou yon pye bwa ki plante bò dlo a. Mwen angaje mwen nan responsablite ke Bondye mete sou lavi mwen pou nou, pou m pran swen nou avèk pasyans ak lanmou, pandan tout tan mwen vivan.
Manmi

Ak manman m ki te trase yon egzanp pou mwen sou ki jan mwen dwe onore Bondye ak tout senserite nan lavi mwen. Mwen renmen ou.

Ti liv sa se yon ti liv ke Pierrette ekri pou tout moun nan tout kominote ki pale Kreyòl. Li ekri nan yon fason ke tout gwoup moun ka konprann byen fasil. Mwen vle ankouraje Pierrette pou gwo vizyon sa a ke Bondye ba li, e mwen espere ke lektè yo ankouraje l tou pou li ka kontinye travay sa a. Mwen resevwa anpil pwovizyon nan liv sa a e mwen kwè ou pral resevwa tou.

Se te sèvitè ou,
Pastè Jean Paul
Bayshore Community Church
Of the Nazarene
Naples, Florida 34112

SA KI NAN LIV LA

I   LÈT OTÈ A

01   PREMYE PATI A
Grenn Lan Se Pawòl Bondye a

18   DEZYÈM PATI A
Wa Konnen Yo Pa Fwi Yo Bay

24   TWAZYÈM PATI A
Fwi Etènèl

Plante

Lèt Otè a

Bonjou Fanmi ak Zanmi mwen yo!
Nou kwè ke se Lespri Bondye ki dirije w pou ou li liv sa a.
Bondye vle w genyen yon nouvo eksperyans avèk Li chak fwa ou rankontre Li! Yon lavi ki etabli sou verite Bondye se yon lavi ki pral fleri nan chak sezon. Gen yon rekòt ke nou ka fè eksperyans avèk, si nou mete konfyans nou nan pwomès Bondye!

   Retire tout distraksyon nan kè w ak lespri w, epi resevwa pwovizyon li genyen pou ou! Bondye vle fè anpil bèl bagay nan lavi ou, men Li pral mande pou ou ba Li aksè a lavi sa a wap viv pou L fè tout sa L vle pou L ka transfòme mond sa a pou Glwa Li!

   Mwen espere ke ou pare pou transfòmasyon sa a! Transfòmasyon sa a soti nan Lespri Bondye ki se yon kado ke Bondye Li menm bannou lè nou resevwa Pitit Li Jezi kòm Sovè nou. Resevwa kado sa a jodi a, epi wap wè Bondye manifeste plan Li nan lavi w. Wa sezi wè sa Bondye pèmèt ou akonpli pou Glwa Li. Mwen priye ke lè w ap li liv sa a, ou resevwa pwovizyon ke nou jwenn nan Pawòl Bondye!

   Chak jou, kreye yon ti tan apa pou ou li liv la. Medite sou pawòl la, epi mande Bondye ki kote ou dwe aplike verite Li pou ou fè eksperyans avèk pouvwa Li. Se pa pouvwa Bondye nou transfòme!

Sòm 1:3

Li tankou yon pye bwa yo plante bò kannal dlo: Li donnen lè sezon l rive.
Fèy li pap janm fennen. Tou sa l fè soti byen.

Nou kwè pafwa se nou menm ki pou fè donnen fwi ki soti nan Bondye...

Men se pa vre:
Lè nou obeyi Bondye, Sentespri ki nan nou an fè donnen fwi a!

Nou Chak Se Jadinye Kè Nou

Kè Nou se Jaden an
Latè se Jaden Bondye

Premye Pati a
Grenn lan se Pawòl Bondye a

Ki sa n ap plante nan kè nou?
Ki grenn k ap pouse nan kè nou?

Parabòl Nonm Ki Tap Simen an

Nan Parabòl sa a, Jezi konpare diferan kalite kè ak tè nou itilize pou plante.

"Tè Bò Chemen An"

LIK 8 VS 12: 12 Gen moun ki sanble ak tè bò chemen kote grenn yo tonbe a. Yo tande, men Satan vini, li rache pawòl la nan kè yo pou yo pa kwè, pou yo pa sove.

Lè Pawòl Bondye a tonbe sou kè sa a, li twò di pou li resevwa Pawòl la. Lè sa a, pa gen chans pou rasin lan devlope nan kè nou. Sa se lè lènmi an jwen yon opòtinite pou li vòlè kado Bondye ban nou an ki se lavi etènèl. Kè sa a vin twò di pou Pawòl la penetre.

Reflechi sou lavi ou

Mande tèt ou:

Eske kè m di:

Eske m bay lènmi an aksè nan kè mwen:

Aplike Pawòl Bondye a

Lè nou panse ak moun ki gen tèt di, dabitid se karakteristik moun ki kwè yo deja konnen tout bagay. Poutèt sa, yo pap chanje lide yo. Tankou Dirèkte Lalwa ak Farizyen yo, pandan Jezi te mache sou latè, yo te wè li e tande l, men, paske kè yo te di, yo rate pwomès Bondye ki te devan yo a. Tankou anpil nan nou jodi a, tèlman nou konnen Pawòl Bondye nan tèt nou, nou vin manke pwovizyon ki vini lè nou pèmèt Sentespri a transfòme kè nou.

Jodi a, reyalize ke sa se yon jwèt ke lènmi an jwe pou nou pèdi Syèl la ak tout benefis li yo. Kwè ke pa gen anyen ki twò difisil pou Bondye, e Li ka transfòme kè ou.

"Nou tande, men nou pa konprann. Je nou yo ouvè men nou pa ka wè"
Ezayi 6:9

Lapriyè:

Senyè, mwen rekonèl ke kè m di. Ede mwen pou m retire baryè yo ki kanpe nan chemen m pou m ka resevwa lanmou ou gen pou mwen an. Mèsi paske ou padonnen mwen.
Amèn

Anpil Wòch

Le Pawòl Bondye a tonbe nan kè sa a, nou rèsèvwa l ak kè kontan; men nou pa kite l pouse rasin. Nou pa kwè l pou lontan...

"Tè Ki Gen Anpil Wòch"

LIK 8 VS 13: *13 Gen lòt moun ki sanble tè ki gen anpil wòch. Yo tande pawòl la, yo resevwa l ak kè kontan; men yo pa kite l pouse rasin, yo pa kwè l pou lontan. Lè eprèv tonbe sou yo, yo vire do bay Bondye.*

Lè èprèv tonbè sou nou, nou virè do nou bay Bondye. Lè kè ki gen anpil wòch la tande Pawòl Bondye a, li vrèman kontan. Li eksite pou yon sezon. Men, paske rasin Pawòl la poko fin etabli, lè "eprèv" yo vini *(Yon lòt pawòl yo sèvi pou "eprèv", nan pasaj sa a, se "tantasyon")* Lè tantasyon yo vini an fas nou, nou pa menm bay tèt nou yon chans pou nou fè eksperyans avèk pouvwa Sentespri a. Nou vin distrè avèk sikonstans yo, olye pou nou fikse je nou sou Bondye. Se poutèt sa li enpòtan pou nou neye tèt nou nan La Pawòl Bondye.

Oze 4:6
"Pèp mwen ap peri paskè yo pa konnen mwen"

Reflechi sou lavi ou

Mande tèt ou:

Ki sitiyasyon nan lavi m ke m konsantre sou li, olye de sa Bondye ka fè:

Aplike Pawòl Bondye a

Se poutèt sa, si ou nouvo nan relasyon w ak Bondye, li trè z enpòtan pou ou pran tan pou rive konnen Papa ou. Li vrèman vle etabli relasyon ak ou, pou lè tray vini, ou gen yon fondasyon solid. Sa ede tou, si ou fè zanmi ak moun ki gen yon relasyon fèm ak Kris.

Si ou se yon moun ki gen plis konfyans nan Bondye, lapriyè pou konnen ki jan Sentespri ka itilize ou kòm yon gid pou moun ki pa gen anpil eksperyans nan relasyon yo ak Bondye.

Lapriyè:

Papa, mwen remèsye ou paske w chwazi m pou pitit ou. Mwen konnen mwen manke matirite nan relasyon mwen avèk ou, men mwen vle kwè w. Etabli karakteristik pèsonalite ou nan kè m, pou lavi m ka transfòme.
Amèn

Nan Mitan Pikan

Grenn ki tonbe nan mitan pikan yo se moun ki tandè Pawòl la, men lè yal fè wout yo, yo kite richès ak plèzi ki nan lavi toufe Pawòl la nan kè yo.

"Grenn ki tonbe nan mitan pikan"

LIK 8 VS 14:

14 Grenn ki tonbe nan mitan pikan yo, se moun ki tande pawòl la, men lè y al fè wout yo, yo kite traka lavi, richès ak plezi ki nan lavi toufè l'. Yo donnen men donn yo pa janm rive rèk.

Lè nou distrè ak bagay nan lavi nou, menm bagay sa yo fè nou pa kapab jwi lavi a vrèman. Anpil fwa, nou pa remake sa paske bagay sa yo kenbe yon fo aparans.
Li pa move pou yon moun anvi viv pi byen, men se rezon dèyè "anvi a" ki pral detèmine rasin anvi sa a nan kè nou.

> - Pou kèk, se atansyon lòt moun yap chache
> - Pou kèk lòt, yo ta renmen moun aksepte yo
> - Pou kèk lòt moun ankò, li vin yon pèlen paske yo pa janm satisfè ak lavi yo
>
> Tou sa ta dwe yon kontradiksyon pou kretyen, paske nou ta dwe jwenn kontantman nou nan Bondye.

1 Timotè 6:6-12

6 Nan yon sans se vre. Sèvis Bondye a se yon gwo richès pou yon moun si l kontan ak sa li genyen an. 7 Nou pa t pote anyen lè nou te vin sou latè. Pa gen anyen nou ka pote ale non plis lè n'a kite li. 8Se sak fè, si nou gen dekwa manje, si nou gen rad pou mete sou nou, sa dwe kont nou. 9Men, moun ki vle vin rich, yo tonbe nan tantasyon. Yo kite yon bann move lanvi san sans pran yo nan pèlen. Se lanvi sa yo k'ap fè moun pèdi tou sa yo genyen, k'ap fini nèt ak yo. 10 Paske, renmen lajan fè moun fè tout kalite bagay ki mal. Gen moun ki sitèlman anvi gen lajan, yo pèdi chemen lafwa a nèt: se pa de ti soufrans ki tonbe sou yo. 11 Men ou menm ki moun Bondye, evite tout bagay sa yo. Chache mennen yon lavi ki dwat pou ou ka sèvi Bondye nan tou sa w ap fè, avèk konfyans, avèk renmen, avèk pasyans ak dousè. 12 Mennen batay pou lafwa a byen. Kenbe lavi ki p'ap janm fini an fèm. Paske, se Bondye menm ki te rele ou pou ou te konnen lavi sa a, lè ou te byen pale devan yon bann temwen, pou fè konnen jan ou gen lafwa

Anvi materyèl sa yo bloke limyè nou jwenn nan Pawòl Bondye a!

Jeremi 4:3-4 rekòmande pou nou vire do nou bay move lanvi sa yo e fikse je nou sou Bondye. Nou bezwen retire peche ki nan kè nou.

Sa rive sèlman lè nou resevwa Jezi, e nou pèmèt Sentespri dirije nou.

Reflechi sou lavi ou

Mande tèt ou:

Èske ou twò okipe ak bagay nan mond sa a:

Èske dezi ki nan kè ou anrasinen nan sa Bondye vle:

Aplike Pawòl Bondye a

Jodi a, reflechi sou lavi ou. Egzamine pou wè si gen bagay, ni move lanvi ki ap bloke limyè La Pawòl la nan lavi ou. Panse osijè de rezon ki fè ou anvi plis bagay, pouki ou travay anpil, oswa twò okipe?

Mande tèt ou si ou gen tan pou ou pase ak Bondye. Si ou gen dout nan kè ou, mande Sentespri pou l devwale yo pou ou. Konsa, priyorite ou kapab fè youn ak sa Bondye vle pou ou.

⇩

Lapriyè:

Senyè, mèsi paske ou renmen mwen. Mwen reyalize gen bagay ki kanpe nan chemen'm pou bloke amou ou genyen pou mwen an. Ede m pou m soumèt avèk volonte ou. Tout sa ou fè pou mwen se yon benediksyon. Ede m pou m viv nan verite sa e pou m satisfè ak lavi mwen. Mwen resevwa padon ou. Mwen jwenn kontantman nan ou.
Amèn

Bon Tè-a

Grenn ki tonbè nan bon tè a se moun ki gen kè ki pare pou yo resevwa Pawòl Bondye a!
Kè yo sensè.

"Bon tè a se yon kè ki onèt."

LIK 8 VS 15: 15 Grenn ki tonbe nan bon tè a, se moun ki sensè, ki gen bon kè, ki tande pawòl la, yo kenbe l nan kè yo. Yo toujou rete fèm jouk yo donnen.

Bon tè a se yon kè ki onèt. Lè kè sa a koupab, olye moun sa a fè eskiz pou peche, li adrese feblès la ak "repantans". Kè sa a itil Bondye ak tout mond la. Kè sa a donnen fwi espirityèl. Lè moun sa a soufri, li kenbe Pawòl Bondye a fèm. Avèk pasyans, li resevwa benefis ki vini lè nou mete konfyans nou nan Bondye!
Kè sa a se yon kè ki gen eksperyans avèk pouvwa Bondye. Yo pase kont sitiyasyon pou yo konnen Bondye fidèl.

Pou kè nou tounen tankou "Bon tè a" Tankou kiltivatè ki prepare tè a, nou dwe kontinye ap travay la jounen kou lannwit sou kè nou. Chache verite Bondye e pèmèt Sentespri aksè a kè nou pou lavi nou ka transfòme. Lè bagay nan lavi ou kòmanse chaje tèt ou, kenbe pwomès li. Pou yon moun kenbe fèm avèk yon bagay, li dwe konnen repitasyon bagay la. Nou jwenn repitasyon Bondye nan Pawòl li. Yon Papa ki gen pitye pou pitit li. Yon pwoteksyon pou moun ki mete tout espwa yo nan li. Bondye vle fè tout bagay sa yo ak plis toujou. Men, fòk nou abandone pouvwa nou e resevwa pouvwa Bondye nan nou ki se Sentespri a.

Som 18:2
Se ou menm ki twou wòch kote m kache a. Se ou menm ki sèvi m ranpa. Se ou menm ki delivre m. Ou se Bondye mwen, se ou menm ki pwoteje m. Se nan ou mwen mete tout konfyans mwen. Se ou ki tout defans mwen. Se fòs ou k'ap sove m. Se anba zèl ou mwen jwenn kote pou m kache.

Reflechi sou lavi ou

Mande tèt ou:

Lè ou tande Pawòl Bondye a, èske ou medite sou li epi mande Sentespri ki kote ou ka aplike li nan lavi ou:

Lè ou gen pwoblèm, èske ou apiye sou verite Bondye pou ou ka ranfòse:

Aplike Pawòl Bondye a

Nan tout sitiyasyon ki nan lavi nou, Bondye vle vini bò kote nou pou l sipòte nou. An menm tan tou, Li transfòme karaktè nou nan pwosesis la. Li vle nou tout reyisi nan lavi sa a. Men, siksè sa a sèlman rive lè yon kè deside pou l mete konfyans nan Bondye.

Lapriyè:

Senyè, mèsi pou kado presye ou. Mwen konprann benefis pouvwa ou nan lavi mwen. Ede m rete nan pye ou. San ou mwen pa anyen. Mwen konnen le ou andedan kè mwen, mwen gen tout sa m bezwen pou m reyisi nan lavi.
Amèn

Reflechi sou lavi ou

Mande tèt ou:

Nan ki kondisyon ou panse kè ou ye:

Ki kalite kè ou ta renmen genyen:

Reflechi sou tout panse ak santiman Lespri Bondye ap kominike avèk ou nan moman sa a:

Dezyèm Pati a
Wa Konnen Yo Pa Fwi Yo Bay

Si pye bwa a bon, l ap bay bon donn.
Si pye bwa a pa bon, li pap bay bon
donn. Yo rekonèt kalite yon pye bwa
sou donn li bay.
MATYE 12:33

Kalite yon Pyebwa

Lè Bib la pale de yon pye bwa ki pwodui bon fwi, nou dwe konprann ke nou pa ka pwodui fwi sa yo, san Sentespri a.

Fwi Sentespri a se rezilta obeyisans nou ak Pawòl Bondye a nan lavi nou.

Lè nou chwazi pou nou soumèt tèt nou, volonte nou ak emosyon nou yo bay Bondye, rezilta a se yon lavi ki pote anpil fwi!

Nan mond natirèl nou an, si yon pye bwa an sante, lap bay fwi. Se konsa li fonksyone pou Pawòl Bondye a nan kè nou. Lè nou pase tan avèk Bondye, e nap reflechi sou Pawòl li, nou kreye plis opòtinite pou Sentespri a gide nou.

GALASI 5:16 DI NOU:

16 Se poutèt sa, men sa map di nou: Kite Lespri Bondye dirije lavi nou. Pa obeyi egzijans kò a.

Lè se Lespri Bondye a ki gide ou, kò ou pa an chaj ankò. Ou chache konsèy Bondye anvan pwòp lide ou. Nou aprann pa panche sou pwòp konpreyansyon nou. Nou pran desizyon ki dirije pa Lespri Bondye.

Pran plezi nan Seyè a

SOM 1:2-3: 2 men, moun: ki pran tout plezi l nan lalwa Senyè a, k'ap repase l nan tèt li lajounen kou lannwit. 3 Li tankou yon pye bwa yo plante bò kannal dlo: li donnen lè sezon l rive. Fèy li p'ap janm fennen.
Tou sa l fè soti byen!

Frè m ak sè m yo, Tout sa na fè ap soti byen! Tout sa na fè ap soti byen! Nou tout dwe di Bondye mèsi pou favè sa a. Reyalize ke pa gen anyen nou te ka fè pou nou te resevwa pwomès sa yo. Sèlman kwè, obeyi e resevwa yo.

Jan 15: 4-5 di nou:
4 Se pou n fè yonn ak mwen, menm jan mwen fè yonn ak nou. Yon branch pa ka donnen pou kont li si l pa fè yonn ak pye rezen an. Konsa tou, nou p ap kapab donnen si nou pa fè yonn ak mwen.
5 Mwen se pye rezen an, nou se branch yo. Moun ki fè yonn avè m, moun mwen fè yonn ak li, l ap donnen anpil, paske nou pa kapab fè anyen san mwen.

Lè Bondye anseye nou pou nou fè yonn ak li, li vle nou rete ini avèk li, pou nou fè yon sèl avèk li nan kè nou, lespri nou, ak nan plan nou yo. Kòm disip Kris, nou dwe rete konekte espirityèlman avèk li pou nou ka viv yon vi ki fò.

Yon branch nan yon pye bwa resevwa tout nouriti li, pwoteksyon ak enèji li nan pye rezen an. Si yon branch kase, byento lap mouri. Lè nou neglije lavi espirityèl nou, inyore Pawòl Bondye a, e fè parès avèk lapriyè oswa nou pa bay Sentespri aksè a tout avni nan lavi nou, nou tankou yon branch ki kase nan pye bwa a. Nou pap bay fwi.

Ankourajman

Anvan nou pale de sa fwi yo ye, mwen vle ankouraje tout moun k ap li liv sa a. Bondye pa rele nou pou nou viv yon lavi pafè. Li konnen nou pa kapab. Men, li rele nou pou nou viv yon lavi ki depann de li. Li rele nou pou nou viv yon lavi ki onore l'. Yon Mari, oswa Madanm, Manman oswa Papa, Pitit, Zanmi, Elèv, Travayè, Doktè, Pastè, Pwofesè oswa yon Paran ki rete lakay. Kèlkeswa sa ou fè nan lavi ou, e nan chak etap nan lavi ou, Jèn ak Granmoun: Bondye vle pou nou pwodui fwi etènèl. Fwi ki va grandi an kantite nan lavi nou ak nan lavi moun ki bò kote nou yo. Pa dekouraje, senpleman resevwa favè Bondye, remèsye l pou padon li ak lanmou li, epi viv yon lavi ki onore li

Twazyèm Pati a
Fwi Etènèl

22 Men, Lespri Bondye a Bay: Renmen, Kè Kontan, Kè Poze, Pasyans, Bon Kè, Seryozite, li fè ou gen Bon Manyè. 23 Li fè ou aji ak dousè, li fè ou konn kontwole kò ou.
Galasi 5:22-23

Fwi Lespri a se karakteristik Kris la. Nou jwenn tout sa yo nan Li!

Renmen

Premye fwi nou jwenn nan tèks la se: Renmen
Renmen ke Sentespri a bay se yon chwa, se pa yon santiman.

Women 12:9
Se pou nou yonn renmen lòt ak tout kè nou...

Efez 5:2

2 Se pou nou viv ak renmen nan kè nou, menm jan Kris la te fè l la, li menm ki te renmen nou, ki te bay lavi l pou nou tankou yon ti mouton yo ofri pou touye pou Bondye, ofrann k'ap fè Bondye plezi ak bon sant li.

1 Jan 4:9 di nou:
9 Men ki jan Bondye fè nou wè jan li renmen nou. Li te voye sèl pitit li a sou latè pou l te ka ban nou lavi.

Renmen

Paske Bondye te gen anpil lanmou pou nou, Li te sakrifye sèl Pitit Gason Li pou nou. Se konsa tou Bondye vle pou nou youn renmen lòt.

Lanmou ki fè Bondye plezi, se lanmou ki yon sakrifis. Yon lanmou sakrifis toujou koute nou yon bagay. Se gras a lanmou sa a nou jwenn aksè a Twòn Bondye a. Jezi te vin sou tè a akòz lanmou sa a. Lavi Jezi te sakrifye pou nou ka benefisye. Nou menm ki kretyen, nou dwe renmen tout moun. Li trè fasil pou nou renmen moun ki renmen nou. Se moun ki rayi nou yo ak moun ki pèsekite nou yo ki ka trè difisil pou nou renmen.

Se lanmou sakrifis sa a ke nou dwe eksprime ak tout moun. Men, mwen gen yon sekrè... Nou pa ka donnen lanmou sa a san Bondye, ki vle di, sèl fason pou nou gen aksè ak renmen sa a, e grandi nan li, se sèlman nan Jezi.

Renmen san Kondisyon

Yon karakteristik Pitit Bondye se yon moun ki montre renmen san kondisyon. Responsablite ke nou genyen kòm plant nan jaden Bondye a, se pou nou pèmèt Lespri Bondye a bay tout kalite bon fwi nan lavi nou pou lwanj Bondye!

Jan 15:5

5 Mwen se pye rezen an, nou se branch yo. Moun ki fè yonn avè m, moun mwen fè yonn ak li, l'ap donnen anpil, paske nou pa kapab fè anyen san mwen.

1 Jan 4:7 di nou:
7 Mezanmi, se pou nou yonn renmen lòt paske renmen soti nan Bondye. Moun ki gen renmen nan kè yo, se pitit Bondye yo ye. Yo konnen ki moun Bondye ye.

Reflechi sou lavi ou

Mande tèt ou:

Ak Kiyès e Ki Kote ou ka eksprime Lanmou Kris la plis:

Kè Kontan

Yon lòt fwi nou jwenn nan tèks la se: Kè Kontan Kè Kontan sa a pa soti nan bagay materyèl ke nou posede, se Sentespri ki bay li.

Women 14:17 di nou:
17 Gouvènman Bondye ki Wa a, se pa yon afè manje ak bwè, men se yon keksyon fè sa ki byen, viv ak kè poze ak kè kontan. Bagay sa yo, se Sentespri ki bay yo.

Som 16:11

11 W'a fè m' konnen chemen ki bay lavi a. Paske ou la avè m', mwen pa manke kontan. Bò kote ou, Senyè, se yon plèzi ki p'ap janm fini.

Paske bagay materyèl nan mond sa a ap pase, Bondye pa vle nou jwenn lajwa nan bagay sa yo. Yo la jodi a e demen yo pa la ankò. Kè nou dwe kontan nan Kris. Nan bon jou e move jou, nan tout sikonstans, nan maladi oswa nan sante. Kontantman nou ta dwe gen rasin li byen fon nan Kris.

Resevwa Kè Kontan

Pou nou viv nan lajwa sa a, nou dwe resevwa kè kontan sa a. Louvri kè ou epi resevwa li nan men Bondye. Pa gade sikonstans yo nan lavi ou, sa yo ka distraksyon ke lènmi an mete nan lavi nou, pou nou pa wè pwovizyon yo ke Bondye ban nou.

2 KORINT 7:4: DI NOU:

... Nan mitan tout soufrans mwen yo, mwen toujou gen anpil kouraj, kè m kontan nèt.

1 Tesalonik 1:6:

Nou te swiv egzanp mwen ak egzanp Senyè a. Nou te soufri anpil. Malgre sa, nou te resevwa Pawòl Bondye a ak kè kontan. Sa se travay Sentespri.

Kè Kontan

Pasaj sa a fè nou konnen ke menm nan eprèv, fòk nou santi nou kontan anpil, paske Bondye ap fè yon travay nan nou. Gen yon devlopman oswa yon transfòmasyon k ap pase nan nou. Si nou resevwa revelasyon sa a, e aplike verite Bondye nan lavi nou, n ap ka fè eksperyans avèk pouvwa li.

> Nou li nan Jak 1:2-4:
> 2 Frè m yo, se pou nou santi nou kontan anpil lè nou wè nou tonbe anba nenpòt kalite eprèv. 3 Paske, nou konnen byen, lè konfyans nou gen nan Bondye a tonbe anba eprèv, sa ban nou pasyans. 4 Men, fòk pasyans sa a fin fè travay li nèt pou nou kapab bon nèt sou tout pwen, byen devlope, san nou pa manke anyen.

Reflechi sou lavi ou

Mande tèt ou:

Èske kè ou anrasinen nan Kè Kontan Bondye bay la oswa èske santiman ou atache ak sikonstans lan:

Kè Poze, Pasyans ak yon Bon Kè

Lè nou reflechi sou fwi sa yo, nou wè ke yo transfòme kè nou. Si kè nou transfòme, tout moun ki bò kote nou yo fè eksperyans ak transfòmasyon sa a tou!

Pwovèb 11:30

30 Lè ou mache dwat, sa fè moun viv. Lè ou gen bon konprann, ou sove lòt moun.

Moun ki bò kote nou yo gen chans pou yo sove lè nou viv lavi nou nan konesans Bondye a. Nou trase yon egzanp pou yo ki dwat! Fondasyon nou se verite Bondye a!

Pwoveb 16:7 di nou:
7 Lè yon moun ap viv yon jan ki fè Senyè a plezi, Senyè a ap fè ata lènmi l yo aji byen avè l.

- ### Kè Poze se rezilta konfyans nan Bondye!
  Ezayi 26:3
  fè nou konnen ke: Bondye, w'ap ba yo kè poze! Moun ki toujou kenbe pwomès yo, wi, w'ap ba yo kè poze, paske yo mete konfyans yo nan ou!

  Tout pwomès sa yo se pou moun ki chwazi pou yo soumèt lavi yo bay Sentespri a.
  Som 37:11
  11 Men, moun ki soumèt devan Bondye, yo pral resevwa pèyi a pou byen yo, y'a viv ak kè poze nèt ale.

Reflechi sou lavi ou

Mande tèt ou:

Èske w ap viv ak lapè Bondye a nan lavi ou:

Ki kote nan lavi w ou ka fè Bondye plis konfyans:

Viv avèk Pasyans

Li tèlman enpòtan pou nou kòm disip Kris pou nou viv avèk Pasyans nan mond sa a.

Efezyen 4:2 di nou konsa

... Aji avèk dousè ak pasyans ak tout moun. Se pou nou yonn sipòte lòt avèk renmen nan kè nou.

1 Tesalonisyen 5:14 di

14 M'ap mande nou tou, frè m yo, pou nou rele dèyè moun k'ap fè parese yo. Ankouraje sa ki yon ti jan frèt yo, ede sa ki fèb yo. Se pou nou pran pasyans ak tout moun.

Tout moun se kreyasyon Bondye. Nou dwe sèvi tout moun nan kapasite sa a. Menm jan Bondye te gen pasyans avèk nou!

Reflechi sou lavi ou

Mande tèt ou:

Èske ou gen pasyans ak tout moun:

Pa janm bouke fè byen

> Galat 6:9 ankouraje nou pou nou:
> 9 Pa janm bouke fè byen. Paske, si nou pa dekouraje, n'a rekòlte lè lè a va rive.

Fwi Lespri yo transfòme nou pou nou sanble ak Kris!

Lè nou viv ak yon Bon Kè, menm lè nou rankontre moun ki fè nou mal tankou papa nou te fè pou nou, nou chwazi pou nou montre favè san parèy.

> Efezyen 4:32 di nou:
> *32 Okontrè, se pou nou aji byen yonn ak lòt, se pou nou gen bon kè yonn pou lòt, pou nou yonn padonnen lòt, menm jan Bondye te padonnen nou nan Kris la.*
>
> Lik 6:32 &35 di:
> *32 Si nou plede renmen sèlman moun ki renmen nou, ki benediksyon pou n tann pou sa? Mechan yo tou yo renmen moun ki renmen yo. 35 Non, nou menm se pou nou renmen lènmi nou yo, fè byen pou yo. Prete san nou pa mete espwa nou sou renmèt. Se konsa n'a resevwa yon gwo rekonpans. Se lè sa a n'a pitit Bondye ki anwo nan syèl la, paske li menm, li bon ni pou engra ni pou mechan.*

Montre Konpasyon

Li fasil pou nou fè byen pou moun ki fè byen pou nou, men bon kè a ki vin devlope nan nou atravè pouvwa Sentespri a eksprime lè nou montre konpasyon pou moun ki pèsekite nou yo.

1 Jan 3:18 di nou konsa:
18 Pitit mwen yo, piga nou renmen sèlman nan bouch, nan bèl diskou ak bèl pawòl. Se pou nou renmen tout bon vre. Se pou tout moun wè jan nou renmen lè yo wè sa n'ap fè.

Reflechi sou lavi ou

Mande tèt ou:

Èske ou renmen sèlman ak pawòl ki soti nan bouch ou? Oubyen èske ou montre lanmou ou avèk aksyon ou yo:

Karakteristik relasyon ki an sante

Se aksyon nou yo ki pral pwouve ki kalite pye bwa nou ye nan jaden Bondye a!
Se bonte Bondye pou nou ki mennen nou tounen vin jwenn Li! E se menm bonte sa a ki nan nou an ki pou ede moun ki pa konnen li vin aksepte li kòm sovè pèsonèl yo!

Karakteristik sa yo pèmèt relasyon ke nou genyen ak lòt moun an sante. Lè yon relasyon an sante, relasyon sa yo gen yon fondasyon solid. Nan yon relasyon ki an sante nou jwenn:
- Respè
- Konfyans
- Onètete
- Bon Kominikasyon
- Sipò

Tout bagay sa yo se rezilta obeyisans nou. Lè nou pèmèt Sentespri transfòme kè nou, nou fè eksperyans benefis sa yo. Sonje byen nan yon jaden, kiltivatè a dwe koupe branch yo ki pa bay fwi pou lòt branch yo ka bay fwi tou.

Bondye "Demelanje" Nou

Nou jwenn analoji sa a nan Jan 15:2 ki di nou:
2 Li koupe tout branch nan mwen ki pa donnen. Li netwaye tout branch ki donnen pou yo ka donnen plis toujou.

Lè mwen te fè rechèch sou pasaj sa a mwen te jwenn ke fraz yo itilize pou nou ka konprann se lè yon bagay te "melanje", Bondye menm, li "demelanje" nou!

Anvan nou tout vin jwenn Bondye, nou "melanje" ak mond lan. Nou panse, e aji tankou mond lan. Nou pèmèt dezi lachè nou yo dirije nou. Depi nou te aksepte Kris, Sentespri vin rete nan nou e se atravè kominyon sa a Bondye jwenn aksè kè nou.

Reflechi sou lavi ou

Mande tèt ou:

Reflechi sou relasyon ou yo; eske ou santi tankou yo an sante:

Bon Manyè e Aji ak Dousè

Lòt Fwi nou jwenn nan tèks la se: Bon Manyè e Aji ak Dousè. Lè yon moun gen Bon Manyè e li Aji ak Dousè, menm moun ki ap viv nan peche li atire yo.

Nou wè ki jan Jezi te viv verite sa a kòm yon egzanp pou nou swiv.

Nan Jan 8:2-11 nou wè ki jan Direktè Lalwa yo ak Farizyen yo te eseye fè Jezi tonbe nan yon pèlen. Men, yon lòt leson nou jwenn nan tèks la se kote Direktè Lalwa yo ak Farizyen yo te panse Jezi tap pral kritike oswa kondane fanm adiltè a. Yo pa t janm espere ke Sovè a tap montre konpasyon pou fanm adiltè a.

⇩

2 Nan denmen maten, byen bonè, li tounen nan tanp lan. Tout foul moun yo pwoche bò kote li. Li chita, li pran montre yo anpil bagay. 3 Direktè lalwa yo ak farizyen yo mennen yon fanm ba li. Yo te bare fanm lan nan adiltè. Yo mete l' kanpe devan tout foul moun yo, 4 epi yo di Jezi konsa: Mèt, yo kenbe fanm sa a nan men ap fè adiltè. 5 Moyiz te bay lòd nan lalwa a pou yo touye yo lè konsa ak kout wòch. Men, ou menm, kisa ou di nan sa? 6 Yo t'ap di sa, paske yo te vle pran l' nan pèlen pou yo te ka akize li. Men, Jezi bese atè. Epi, avèk dwèt li, li kòmanse ekri atè a. 7 Men, moun yo t'ap kouvri l' ak keksyon. Jezi leve atè a, li di yo: Se pou moun ki konnen li pa janm peche a ba l' premye kout wòch la. 8 Apre sa, li bese atè a yon dezyèm fwa, li pran ekri ankò. 9 Lè yo tande pawòl sa yo, yonn apre lòt y' al fè wout yo. Premye moun ki te mete deyò se te sak te pi granmoun yo. Jezi rete pou kont li ak fanm lan ki te kanpe devan l'. 10 Lè sa a, li leve, li di fanm lan: Madanm, kote moun yo? Pesonn pa kondannen ou? 11 Li reponn: Pesonn non, Mèt. Jezi di li: Mwen menm tou, mwen pa kondannen ou. Ou mèt ale. Men, pa janm fè peche ankò.

Yon repitasyon Bonte ak Dousè

Jezi te gen yon repitasyon Bonte ak Dousè! Tout kote li te pase li te toujou akeyi tout kalite diferan moun. Se konsa tou, nou menm ki swiv Jezi ta dwe viv. Jezi pa t janm achte figi pechè yo ki te bò kote l' yo, men li te dous menm nan egzòtasyon l 'yo. Karakteristik sa yo se fason Kris te pwoche bò kote lòt moun pou l 'te ka transfòme lavi yo. Nou menm ki kwè nan Kris la dwe kanpe fèm sou verite Levanjil la. Men, si pou nou fè yon enpak nan lavi moun ki bò kote nou yo, fok nou akeyi moun. Vizaj nou ta dwe yon vizaj ki atire moun; moun pa ta dwe pè vini bò kote nou. Se lanmou Kris la ki dwe kontwole nou.

Fondasyon nou Jodi a

2 Korint 5:14 di:
...se kalite renmen Kris la gen pou nou an k'ap dirije m...

Jezi te toujou santi konpasyon pou sa yo ki te pèdi. E se sa ki fondasyon nou jodi a.

2 Korentyen 1:4 di:
4 Li ankouraje nou nan tout lapenn nou, konsa nou menm tou nou ka ankouraje moun ki nan tout kalite lapenn lè n'a ba yo menm ankourajman nou te resevwa nan men li an.

Anvan nou kòmanse pouse moun ale paske fason yo abiye oswa jan yo pale, ann eseye etidye kijan Jezi te viv avèk etranje. Anplis, Bondye rele nou pou nou imite Li...

Efezyen 5:1
1 Se sa ki fè, paske nou se pitit Bondye renmen anpil, se pou nou chache fè tankou Bondye fè.

Responsablite nou kòm kwayan Kris ta dwe pou nou viv jan Kris te viv. Kris te viv nan imilite. Li te konsidere lòt moun ak santiman yo. Se sa ki te fè moun santi tankou Jezi aksepte yo, olye pou yo santi yo rejte.

Reflechi sou lavi ou

Mande tèt ou:

Èske ou ka panse a nenpòt moun ki petèt ka santi yo rejte pa ou? Chache konsèy nan men Sentespri :

Seriozite ak Kontwòl Kò Ou

Dènye fwi nou jwenn nan tèks la se: Seriozite ak Kontwòl Kò Ou. Fwi sa yo ta dwe yon gid pou lavi nou, k ap gide nou nan tout bon bagay. Seriozite se karakteristik yon moun ki serye. Se yon moun ou ka fè konfyans. Lè moun sa a di wi, ou ka kwè li. Moun ki serye, onèt.

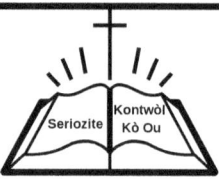

Kolosyen 3:9-10

9 Pa bay frè nou yo manti. Paske, nou voye vye moun nou te ye a jete ansanm ak tout vye mès li yo. 10 Koulye a, nou tounen yon lòt kalite moun...

Ankò, nou sonje ke se Sentespri ki transfòme kè nou. Men, nou dwe chwazi chak jou pou nou obeyi vwa Li.

Pwovèb 10:9 di konsa:

9 Yon nonm serye pa janm bezwen pè anyen. Men, yo gen pou yo bare moun k'ap fè vis.

Pwovèb 11:3

3 Moun k'ap mache dwat yo konnen sa pou yo fè, paske se moun serye yo ye...

Pwovèb 20:7

7 Lè yon papa se moun serye, li fè sa ki dwat. Sa bon nèt pou pitit li yo.

Reflechi sou lavi ou

Mande tèt ou:

Èske ou konsidere tèt ou tankou yon moun serye:

Tout pwomès sa yo se pou moun ki kite Sentespri dirije yo! Pwovizyon Bondye reyalize nan lavi nou atravè obeyisans nou.

Kite Sentespri Dirije Ou

Kontwòl Kò Ou se dènye fwi Bib la mansyone.

> Kontwòl Kò Ou se lè yon moun konnen ki jan pou yo konpòte tèt yo. Pouvwa peche te genyen sou lavi yo pèdi otorite paske se Lespri Bondye k ap gide yo kounye a.

2 Timote 1:7 di konsa:
...Lespri Bondye a ban nou fòs, renmen ak pouvwa pou kontwole tèt nou!

Lè Bib la pale de "kontwòl tèt ou" li vle di pou nou veye sou kò nou. Fason nou konpòte tèt nou nan tout sa nou fè- fè nou youn ak Pawòl Bondye a!

Pwovèb 13:3 di konsa:
3 Veye pawòl ki soti nan bouch ou, w'a pwoteje lavi ou...

Pwovèb 16:32 di:
32 Pito ou aji ak pasyans pase pou ou fè fòs sou moun. Pito ou konn kontwole tèt ou pase pou ou gwo chèf lame k'ap mache pran lavil.

2 Pyè 1:5-8 di konsa:

5 Se poutèt sa, nou dwe fè tou sa nou kapab pou nou pa rete ak konfyans nou gen nan Bondye a sèlman. Men, apa konfyans lan se pou nou gen bon kondit. Apa bon kondit la, se pou nou gen konesans.

6 Apa konesans la, se pou nou konn kontwole tèt nou. Apa konn kontwole tèt nou an, se pou nou gen pasyans. Apa pasyans la, se pou nou sèvi Bondye.

7 Apa sèvi Bondye a, se pou nou gen renmen pou frè yo. Apa renmen nou gen pou frè nou an, se pou nou gen renmen pou tout moun.

8 Si nou gen tout bagay sa yo nan nou, si nou devlope yo nan nou, nou p'ap rete bra kwaze. Se p'ap pou gremesi nou konnen ki moun Jezikri, Seyè nou an, ye.

Kontwole Tèt Ou

Nan 1 Samyèl Chapit 24 Nou li ki jan David te pran kontwòl tèt li. Kote li te kache nan yon twou wòch, se kote lènmi l ki 'te vle touye l la vin fè bezwen li. David te gen yon chans pou li te touye Sayil. Menm mesye yo ki te avèk David te vle pou David touye Sayil. Men, konsyans David te boulvèse l apre li koupe rad Sayil.

1 Lè Sayil tounen soti fè lagè ak moun Filisti yo, yo vin di l' David te nan dezè Angedi a.
2 Sayil pran twamil (3000) sòlda nan pèp Izrayèl la, sa ki te fò anpil nan fè lagè. Epi li pati al chache David ak mesye l' yo sou solèy leve Wòch Kabrit mawon yo.
3 Li rive devan yon gwòt ki te tou pre yon pak mouton bò wout la. Li antre nan gwòt la al fè bezwen li. David menm te kache nan fon gwòt la ansanm ak mesye l' yo.
4 Mesye yo di David konsa: -Men chans ou, men okazyon Seyè a te di l'ap ba ou a. Seyè a te di: L'ap lage lènmi ou la nan men ou, w'a fè sa ou vle avè l'. David leve, li mache tou dousman, li koupe yon moso nan rad Sayil san Sayil pa konn sa.

David te kapab aji pa pwòp fòs li ak konesans li, men li te pèmèt Sentespri dirije'l.

Lè nou pèmèt Kris la dirije nou, olye pou nou viv san kontwòl nan mond sa a, nou ka viv yon lavi ki ranpli ak pouvwa Bondye. Resous ki nan Syèl la ak nan Pawòl Bondye a vin yon reyalite pou nou.

Kontwole Tèt Ou

Nan Neemi Chapit 4, Nou aprann sou istwa Neemi ki jan li te retounen Jerizalèm pou li te ka rebati miray la. Lènmi moun lavil Jerizalèm yo ak lòt vil ki antoure yo pa t'renmen sa Jwif yo t ap fè. Se konsa, yo te kòmanse pèsekite pèp la, yo te eseye entimide yo pou yo pa fini rebati miray la. Men, Neemi te gen kontwòl tèt li. Olye pou l te vin pè, li te priye e li te mete konfyans li nan Bondye. Konfyans li nan Bondye te ranfòse lapè li. E se avèk lapè sa a li te kapab akonpli gwo travay ki te devan li! Lè nou viv lavi nou ak kontwòl tèt nou, li pèmèt nou pa pè nenpòt sitiyasyon ki vini sou wout nou paske rasin nou yo etabli nan yon fondasyon solid ki se Jezi.

Reflechi sou lavi ou

Mande tèt ou:

Èske ou gen kontwòl tèt ou oswa ou reyaji anvan ou reflechi sou desizyon oswa pawòl ou yo:

Anrasinen nan Kris

Zanmi mwen yo, nou aprann anpil bagay sou fason nou dwe viv lavi nou lè nou anrasinen nan Kris. Bib la gide nou nan tout verite. Lè nou soumèt lavi nou bay otorite Sentespri Bondye, lavi nou fleri! Nou kòmanse plante bon zèv nan lavi lòt moun!

Fwi yo ki donnen nan lavi ou vin yon nouriti pou tèt ou ak pou lòt moun ki ozalantou ou.

Reflechi sou lavi ou

Mande tèt ou:

Reflechi sou sa k ap grandi nan kè ou:

Ki kalite fwi ki ap donnen nan lavi ou:

Reflechi sou lavi ou

Mande tèt ou:

Èske fwi sa yo atire moun ki poko konnen Bondye:
Eksplike repons ou an:

Èske ou santi ke lavi ou anrasinen nan Kris tout bon vre:

Reflechi sou lavi ou

Mande tèt ou:

Ki kalite fwi ou ta renmen wè pwodwi nan lavi ou:

Ki chanjman ki dwe rive pou ou reyisi nan objektif sa a:

Aprann, Aplike e Grandi

Pòsyon ki rete nan liv la se pou vèsè ke nou jwenn nan Pawòl Bondye ki ranfòse karakteristik ak pwovizyon ki genyen nan Pawòl Bondye pou nou aprann, aplike e grandi.

Lè nou li vèsè sa yo, nou dwe kwè ak tout kè nou ke tout pwomès sa yo pou nou e se Jezi ki pèmèt nou ka fè eksperyans sa yo avèk pouvwa Bondye!

Aprann, Aplike e Grandi

> Jeremi 17:7-8:
> 7 Benediksyon pou moun ki mete konfyans yo nan Senyè a, wi, pou moun ki mete tout espwa yo nan li.
> 8 L'ap tankou pye bwa yo plante bò larivyè, k'ap plonje rasin li nan dlo. Li pa pè anyen lè sezon chalè rive, paske fèy li yo ap toujou vèt. Te mèt gen yon lanne chechrès, sa pa fè l' anyen, l'ap toujou donnen.

Ala yon bèl pwomès ki chaje ak richès pou nou ki obeyi sa Pawòl la di!
Pou nou viv yon vi kote nou pa pè anyen, paske Senyè a gen kontwòl lavi nou!

> 2 Pyè 3:18 di konsa:
> ...se pou nou grandi nan favè ak konesans Jezi Kri, Senyè nou ak Sovè nou

Ki vle di, nou ka grandi nan konesans nou genyen de Bondye. Sa rive lè nou pase tan ak Bondye nan lapriyè ak lè nou li Pawòl Li.

Aprann, Aplike e Grandi

> Sòm 92:12-14 di nou:
> 12 Moun k'ap mache dwat yo pral pouse tankou palmis, y'ap grandi tankou pye sèd nan peyi Liban.
> 13 Yo tankou pye bwa yo plante nan kay Senyè a, y'ap pouse bèl branch nan tanp Bondye nou an.
> 14 Yo te mèt granmoun, y'ap donnen, y'ap toujou vèt, y'ap toujou gen fòs.

Moun k'ap mache dwat yo fleri nan tout sezon! Yo plante nan Wayòm Bondye! Imajine ki kalite pouvwa nou genyen kòm yon moun ki etabli nan Wayòm Syèl la! Reyalize ke pa gen anpil wout ki mennen nou vin jwenn Bondye. Nou tout soti nan diferan eksperyans nan lavi nou men sèl fason nou jwenn aksè Bondye se nan Jezi!

> Jan 14:6:
> 6 Jezi reponn li: Se mwen menm ki chemen an. Se mwen menm ki verite a, se mwen menm ki lavi a. Pesonn pa ka al jwenn Papa a si li pa pase nan mwen.

Aprann, Aplike e Grandi

Lik 6:43-45 fè nou konnen:
43 Yon bon pye bwa pa bay move donn, ni yon move pye bwa pa bay bon donn.
44 Yo rekonèt kalite yon pye bwa sou donn li bay. Yo pa keyi fig frans sou pye rakèt, ni yo pa rekòlte rezen sou tout vye lyann.
45 Yon nonm ki bon, se bon bagay li rale soti nan kè li ki bon. Yon nonm ki mechan, se move bagay li rale soti nan kè li ki move. Paske, sak nan kè yon nonm, se sak soti nan bouch li.

Kalite fwi nan lavi nou ki vin donnen kòmanse nan kè nou...
Eta kè nou detèmine ki kalite fwi ki pral donnen nan nou.
Bon fwi pa ka grandi nan kè ki pa an sante!

Nou tout gen yon opòtinite pou nou detèmine ki kalite pye bwa nou ye nan mond sa a... Chak jou nou bezwen fè yon detèminasyon pou nou kite kè nou louvri pou nou resevwa bon konprann e konsèy Bondye ki sot nan Sentespri ki rete nan nou. Chak jou nou bezwen mande tèt nou ki kalite grenn nou pral pataje nan mond sa a.

Nan fanmi nou oswa nan maryaj nou yo. Nan travay la ak fason nou ap viv ak vwazen nou yo! Avèk moun nou rankontre nan lavi nou ki poko konn Bondye: Kite Sentespri Dirije Lavi Nou! Desizyon sa a pral genyen pi gwo rekonpans! Fwi sa yo ke Sentespri a ap fè grandi nan lavi nou p'ap janm fini, men y'ap miltipliye pou Lwanj Bondye!

Reflechi sou lavi ou

Mande tèt ou:

Ki jan ou pral pèmèt Lespri Bondye a dirije lavi ou:

Ki sa ou aprann nan liv sa a ke ou pral aplike nan lavi ou jodi a:

Aprann, Aplike e Grandi

Mwen espere ke atravè liv sa a nou tout ka vin reyalize ke Bondye vle lavi nou etabli sou yon wòch solid ki se Jezi.

Dezi Bondye se pou tout moun sou La tè sove!

> 1 Timote 2:3-4:
> 3 Se bagay konsa ki byen, ki fè Bondye, Sovè nou an, plezi.
> 4 Li ta renmen wè tout moun sove, li ta renmen wè tout moun rive konn verite a.

Zanmi m yo, se responsablite nou pou nou sèvi Mond lan ki nan fènwa. Nou se pye bwa Bondye yo ki dwe pote nouriti pou mond lan atravè aksyon nou yo ak pawòl ki soti nan bouch nou.
Men, li kòmanse nan kè nou ak lespri nou!
Nou tout gen yon chans pou nou fè eksperyans avèk pouvwa Bondye a ki transfòme lavi nou atravè fwi Li pwodui andedan nou yo pou Glwa Li!
Mwen espere nou tout fè eksperyans ak pwovizyon Bondye jodi a nan non Jezi!
Pierrette Dera

Plante

Nou se pye bwa ke Bondye plante nan jaden Li, ki se Latè
"Ki kalite fwi ki ap donnen nan lavi nou"

Otè a

Bonswa Fanmi Mwen!
Mwen tèlman kontan ke ou la sou vwayaj sa a avè m. Non mwen se Pierrette Dera e mwen yon Ayisyen Ameriken. Mwen marye ak pi bon zanmi mwen e nou gen kat bèl pitit. Mwen yon elèv nan GSM e m ap etidye Fondasyon Biblik.

Depi mwen te piti mwen renmen ekri. Mwen sonje ki jan mwen te konn ekri lèt an Kreyòl Ayisyen pou Grann mwen te ka voye lèt bay fanmi li an Ayiti. Nan moman sa a, mwen pa t reyalize ke Bondye t ap prepare m' pou plan sa a. Mwen gen yon dezi nan kè m pou m kreye resous pou Kominote Ayisyen & Ameriken an pou yo Grandi nan Kris!

Nan tan lib mwen, mwen renmen pase tan ak fanmi mwen. Mwen renmen chante e mwen renmen li liv. Mwen tèlman eksite ke w ap li liv sa a e mwen espere ou te beni! Mèsi pou tout ankourajman ak sipò ou.

www.ingramcontent.com/pod-product-compliance
Lightning Source LLC
Chambersburg PA
CBHW062151100526
44589CB00014B/1786